WORDS FOR THE ROAD III
121 short reflections and puns

ORD MED PÅ VEIEN III
121 korte refleksjoner og ordspill

Other books written by George Manus:

THOUGHTS, English
TANKER, Norwegian

REFLECTIONS I, English
REFLEKSJONER I, Norwegian

REFLECTIONS II, English
REFLEKSJONER II, Norwegian

REFLECTIONS III, English
REFLEKSJONER III, Norwegian

A WOMAN'S MANY MIGRATIONS, English
EN KVINNES MANGE FLYTTINGER, Norwegian

INNOVATIONS AND CREATIONS, English

THE MAX MANUS COMPANIES -70 years in communication, English
MAX MANUS FIRMAENE - 70 år i kommunikasjon, Norwegian

WORDS FOR THE ROAD   ORD MED PÅ VEIEN   English - Norwegian

WORDS FOR THE ROAD II   ORD MED PÅ VEIEN II   English - Norwegian

It's not allowed to copy or make quotes from this book
without prior acceptance from the author.

2019 © George Manus
Design and layout: Ole Praud
Illustrations: Laura Hamborg
Publisher: BoD – Copenhagen, Denmark
Printing: BoD – Norderstedt, Germany
ISBN: 9788743009368

e-mail: george.manus@maxmanus.com
Homepage: www.george-manus.jimdo.com

Preface

The two first "WORDS FOR THE ROAD" I dedicated to "Coincidences" and "Inspiration" respectively. This one I have dedicated to "Time" and given the subtitle: 121 short reflections and puns.

I dedicated it to the "Time" it has taken to gather the old ones and write the new, all together 352 WORDS FOR THE ROAD, which these three books represent.

"We measure most things in what we get done and what we don't get done. In any case, we blame it on time when we're dissatisfied, it's always time which is to blame - as if it's responsible for our inability to organize ourselves better."

Read the reflection "Time" from page 16.

The table of contents are presented in alphabetical order both in English and Norwegian. In the book the English comes first with the corresponding Norwegian next to it.

If you should get the feeling that you've heard some of them before, I can assure you it has never been my intention to plagiarize.

I thank Laura Hamborg for the illustrations and my friend Ole Praud for his consultancy work.

The South of Spain
March 2019
George Manus e-mail: george.manus@maxmanus.com

Forord

De to første "ORD MED PÅ VEIEN" dedikerte jeg til henholdsvis "Tilfeldighetene" og "Inspirasjonen". Denne har jeg dedikert til "Tiden" og gitt undertittelen 121 korte refleksjoner og ordspill.

Jeg valgte å dedikere boken til "Tiden" det har tatt å samle de gamle og skrive de nye, tilsammen 352 ORD MED PÅ VEIEN, som disse tre bøkene representerer.

"Vi måler det meste i hva vi får gjort og hva vi ikke får gjort. Uansett - vi gir tiden skylden hvis vi er misfornøyd, det er alltid den som får skylden - som om den kan noe for at vi ikke organiserer oss bedre".

Les refleksjonen "Tiden", som er gjengitt fra side 20. Innholdsfortegnelsene presenteres hver for seg i alfabetisk rekkefølge både på engelsk og norsk. I boken kommer de 121 engelske først, med de korresponderende norske ved siden av.

Hvis du får følelsen av at du har lest noen av dem før, garanterer jeg at det aldri har vært min tanke å plagiere.

Jeg takker Laura Hamborg for illustrasjonene og min venn Ole Praud for konsulentarbeidet.

Syd Spania
Mars 2019
George Manus e-mail: george.manus@maxmanus.com

Content

Innhold

TIME

April 1994

I'll do that when I retire, many people say, I'll have more time when I become a pensioner.

Nonsense, do it now, I say.

That, of course, is impossible. It's only when one becomes a pensioner that one has the opportunity to do what one wants to do now.

The decision seldom or never has to do with economy – always with time.

Time – the fourth dimension, perhaps humanity's most important concept.

Do we make the most of our time, or more accurately put, how do we make the most of our time?

We measure most things in what we get done and what we don't get done.

In any case, we blame it on time when we're dissatisfied, it's always time which is to blame – as if it's responsible for our inability to organize ourselves better.

Regardless of priority, there's always something which remains undone, something we would have liked to have done – time again.

We say we don't have time for this or that. The question of priority has a different meaning for each of us.

Poor old time, does it ever have a bad conscience?

My view of time is that I see it in relation to eternity, only ideally speaking, of course – am probably quite realistic as regards my own physical life here on earth, but I still like to see time from a "perspective of eternity".

Is it something about that things live on? In that case, in which way and through what or whom is not really of great significance. The most important for me is the belief that things live on.

History proves that things live on – I don't actually mean things I guess, they disappear, but time? History doesn't exist without time.

If something lasts forever it must be time and nothing but time.

Everything is regulated according to time. Absolutely everything – can't think of a single thing which in one form or other isn't related to time.

Our time of birth is for astrologers crucial and determinate both for the way we are and for the way we develop – here it hasn't got to do with just the day, the hour and the minute are also of the utmost significance.

Time is of the essence.

It was in the past that one had plenty of time. Was it perhaps less important to be on time for everything in those days, or did one have more time as, for instance, timetables weren't as developed as they are today?

Do opportunities create the rush for time?

With all the alternatives to be found for everything, it seems to be in the nature of things to have so much to be on time for.

Or is it the rush for time which creates the opportunities?

What came first, the rush for time or the opportunities? Probably a balanced development.

Do we control time, or does it control us?

One competes in milliseconds – without time, no winners, and if there are no winners there are also no losers?

Does that mean that we can blame time for having losers? Someone has to take the blame, everything becomes much easier then.

"Timing", it is said, is an important factor in all things. It means that the time aspect has to be correct.

Despite all the analysis in the world, correct "timing" can not be calculate.

History repeats itself it is said – rightly or wrongly. I don't know, but in my opinion there is never a repetition, precisely because of time.

When the repetition takes place at a different time, it can't be the same which is being repeated – that makes me happy.

It's also good that we don't know too much about the future.

Time has to be the greatest invention in the world.

Time

It's not so important what Time it is -
what's important is that it passes.

April 1994

Time smooths corners

Time smooths corners and black and white becomes
nuances.

2018

TIDEN

April 1994

Det skal jeg gjøre når jeg blir pensjonist, sier mange, jeg får bedre tid når jeg blir pensjonist.

Sludder, gjør det nå, sier jeg.

Selvsagt er det en umulighet. Det er jo først når man blir pensjonist at man får anledning til å gjøre det man ønsker å gjøre nå.

Det er sjelden eller aldri at denne utsettelsen har med økonomien å gjøre - alltid med tiden.

Tiden - den fjerde dimensjon, kanskje menneskets viktigste begrep.

Utnytter vi tiden, eller kanskje rettere, hvordan utnytter vi tiden?

Vi måler det meste i hva vi får gjort og hva vi ikke får gjort. Uansett - vi gir tiden skylden hvis vi er misfornøyd, det er alltid tiden som får skylden - som om den kan noe for at vi ikke organiserer oss bedre.

Uansett prioritering er det alltid noe vi ikke får gjort, noe vi gjerne skulle ha gjort - tiden igjen.

Vi sier at vi ikke har tid til det ene og ikke det andre. Spørsmål om prioritering har forskjellig mening for alle.

Stakkars tiden, får den noen gang dårlig samvittighet?

Mitt syn på tiden er at jeg ser den i relasjon til evigheten, selvfølgelig bare ideelt sett - er nok svært realistisk med hensyn til mitt eget fysiske liv på denne jord, men liker allikevel å se tiden i et "evighetsperspektiv".

Er det noe med at ting lever videre? I så tilfelle, på hvilken måte og gjennom hva eller hvem, er egentlig ikke av så stor betydning. Det viktigste for meg er troen på at ting lever videre.

Historien beviser at ting lever videre - mener vel egentlig ikke ting, de forgår, men tiden? Historien eksisterer ikke uten tiden.

Er det noe som er evigvarende så må det være tiden og bare den som er det.

Alt reguleres etter tiden. Absolutt alt - kan ikke finne en eneste ting som ikke i en eller annen form er relatert til tiden.

Tiden vi ble født på blir av astrologer avgjørende og bestemmende for både hvordan vi er og hvordan vi vil utvikle oss - her er det ikke bare snakk om dagen, nei både timen og minuttet er i denne sammenheng av største betydning.

Tiden er avgjørende.

Det var før i tiden at man hadde god tid.

Var det kanskje mindre viktig å nå alt mulig den gang, eller hadde man bedre tid bare fordi eksempelvis rutetabellene ikke var så utviklet som i dag?

Er det mulighetene som skaper tidsjaget?

Med alle de alternativ som finnes til alt mulig, ligger det liksom i dagens natur at vi skal nå mye.

Eller er det tidsjaget som skaper mulighetene?

Hva kom først, tidsjaget eller mulighetene? Antagelig en balansert utvikling.

Styrer vi tiden, eller styrer den oss?

Det kjempes på tusendels sekunder - uten tid ingen vinnere og hvis ingen vinnere heller ingen tapere?

Betyr det at vi kan gi tiden skylden for at vi har tapere? Noen bør alltid ha skylden, alt blir så mye lettere da.

"Timing", sier man, er en viktig faktor i alt. Det betyr at tidsaspektet skal være riktig.

Uansett allverdens analyser, riktig "timing" kan ikke beregnes.

Historien gjentar seg heter det - riktig eller galt, ikke vet jeg, men det blir etter min mening aldri en gjentagelse, nettopp på grunn av tidsforskjellen.

Når gjentagelsen skjer på forskjellig tid, kan det ikke være det samme som gjentas - det er jeg glad for.

Ellers er det godt at man ikke vet for mye om fremtiden.

Tiden må være verdens største oppfinnelse.

Tiden

Det er ikke så viktig hva klokken er – det viktigste er at
Tiden går.

April 1994

Tiden sliper hjørner

Tiden sliper hjørner og sort hvitt får sine grå nyanser.

2018

COLLECTION AND SPREAD

Collection of many small streams make a big lake - while Spreading is required to shoot a bird.

BALANCE AND IMBALANCE

Happiest are those who find Balance in daily life. Imbalance creates an unconscious continuous struggle to achieve Balance.

TRUTH AND LIES

Whoever possesses Truth is rich -
while the Liar for all time will remain poor.

JEALOUSY II

Are those suffering from the disease Jealousy conscious of their illness?
Probably not, in that case otherwise sensible people would be able to put in antidote.

SAMLING OG SPREDNING

Samling av mange bekker små gjør en stor Å -
mens det kreves Spredning for å felle en fugl.

BALANSE OG UBALANSE

Lykkeligst er de som finner Balanse i dagliglivet.
Ubalanse skaper en ubevisst kontinuerlig kamp
for å oppnå Balanse.

SANNHET OG LØGN

Den som besitter Sannheten er rik -
mens Løgneren for all tid vil forbli fattig.

SJALUSI II

Er de som lider av sykdommen Sjalusi seg be-
visst sin sykdom?
Antagelig ikke, ellers fornuftige mennesker ville
i så tilfelle være i stand til å sette inn motgift.

PRESTIGE

Prestige gives no guarantee whatsoever.
The tanker "Prestige" went down in 2002 and
63000 tons of oil leaked out.

TO PLAY MARTYR

Unfortunately, there are some who don't under-
stand that to play Martyr reflect a misunder-
stood belief that one will achieve sympathy.

March 2019

LIGHT AND SHADOW

One can be illuminated without Light - while
in the Shadow's world it is difficult to orientate
oneself.

GREED

Greed provides bad basis for constructive coop-
eration.

PRESTISJE

Prestisje gir ingen garanti for noe som helst.
Tankeren "Prestige" gikk ned i 2002 og 63000
tonn olje gikk til spille.

Å SPILLE MARTYR

Dessverre er det noen som ikke forstår at å spille
Martyr avspeiler en misforstått tro på at man vil
oppnå sympati.

Mars 2019

LYS OG SKYGGE

Man kan være opplyst uten lys -
mens i Skyggens verden er det vanskelig å ori-
entere seg.

GRÅDIGHET

Grådighet gir et dårlig grunnlag for konstruk-
tivt samarbeid.

Creativity
Kreativitet

Laura Hamborg

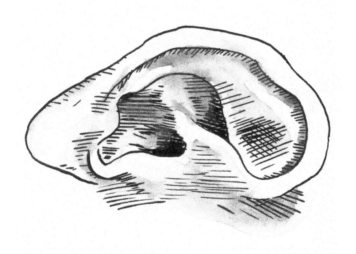

Equaly Important
Like Betydningsfullt

Lura Hamborg

ADAPTATION AND ACCEPTANCE
The ability to Adapt provides the best basis for Acceptance.

ENTHUSIASM
No selling point is better than Enthusiasm.

WET AND DRY
Whatever the reasons for one being Wet - one can very well have things on the Dry.

DREAMS
It's good with Dreams about what one wants to achieve -
but only will and effort can lead you to the consummation of them.

TILPASNING OG AKSEPTERING
Evnen til Tilpasning gir det beste grunnlag for Aksept.

BEGEISTRING
Intet salgsargument er bedre enn Begeistring.

VÅT OG TØRR
Uansett hva grunner er til at man er Våt –
kan man godt ha sitt på det Tørre.

DRØMMER
Det er vel og bra med Drømmer om hva man ønsker å oppnå -
men kun vilje og innsats kan føre deg til Drømmenes fullbyrdelse.

TOUCHINESS

To be Touchy is a human weakness that affects the self-occupied.

THE SOUL

I do not need the theologians' testimony to understand that there is a "Soul" with capital S.

REVOLUTION

Revolution in politics often has a negative tone - while the Revolution associated with technical development gets applause.

INTUITION AND INSTINCT

It's good to be able to support one's Intuition - but be sure to let the Instinct be supported by common sense.

NÆRTAGENHET

Nærtagenhet er en menneskelig svakhet som rammer de selvopptatte.

SJELEN

Jeg behøver ikke teologenes vitnesbyrd for å forstå at det finnes en "Sjel" med stor S.

REVOLUSJON

Revolusjon i forbindelse med politikk har oftest negativ klang – mens Revolusjon i forbindelse med teknisk utvikling får applaus.

INTUISJON OG INSTINKT

Det er godt å kunne støtte seg til sin Intuisjon – men sørg for å la Instinktet få støtte av sunn fornuft.

POLITENESS
The extinct word Politeness must get a new birth and again put to life in practice.

IMAGINATION AND CREATIVITY
Imagination and Creativity are closely related - The degree of Creativity depends on one's Imagination.

INTUITION
Our grandparents' explanation of the word Intuition was: "to feel it on the gout".

OPEN AND CLOSED
Open and Closed are one and the same thing - but with reversed table.

HØFLIGHET

Det utdøende ord Høflighet må få en ny fødsel
og igjen bringes til liv i praksis.

FANTASI OG KREATIVITET

Fantasi og Kreativitet er nær beslektet.
Graden av Kreativitet avhenger av ens Fantasi.

INTUISJON

Våre besteforeldres forklaring på ordet Intuisjon
var: "å føle det på jekta".

ÅPEN OG LUKKET

Åpen og Lukket er en og samme sak –
men med omvendt fortegn.

CONSEQUENCES AND INCON-SISTENCIES

Everything you do gives larger or smaller Consequences.

Inconsistencies or lack of Consequences are achieved when inactive.

SECRETS

The world will never run out of Secrets.

2018

THE SMILE AND INSECURITY

The Smile is personal. If you feel Insecurity with it's authenticity, it's negative. One must be sure that the Smile is genuine.

THE HAND

The Hand symbolizes versatility and strength.

In our world we meet with a handshake and separate by a wave.

KONSEKVENSER OG INKONSE-KVENSER

Alt man foretar seg gir større eller mindre Konsekvenser -
Inkonsekvenser eller mangel på Konsekvenser oppnås når man er uvirksom.

HEMMELIGHETER

Verden vil aldri gå tom for Hemmeligheter.

2018

SMILET OG USIKKERHET

Smilet er personlig. Føler man Usikkerhet med ektheten, slår det negativt ut. Man må være trygg på at Smilet er ekte.

HÅNDEN

Hånden symboliserer allsidighet og styrke.
I vår verden møtes vi med håndtrykk og skilles med et vink.

AMBITIONS

The desire to assert oneself, Ambitions,
requires a lot of renunciation and sacrifice.
If you are not motivated with stubborn Ambi-
tions, you will never reach the goal.

2013

DESIGN

Nature is the worlds best Designer.

2018

GOOD IDEAS

To save the world, Good Ideas must find the
quickest way to reality.

2010

FAKE NEWS

Today Spanish TV informed us that 20.000
more people are paying social security, then
at the same time last year, while the total un-
employment in the same period increased by
70.000. Explain the one who can.

04.03.2019

AMBISJONER

Lysten til å hevde seg, Ambisjoner,
krever mye forsakelse og oppofring.
Er man ikke motivert med stålsatte Ambisjoner,
når man aldri målet.

2013

DESIGN

Naturen er verdens beste Designer.

2018

GODE IDEER

For å redde verden må Gode Ideer finne raskeste vei til virkeligheten.

2010

FALSKE NYHETER

I dag informerte spansk TV oss at 20.000 flere mennesker betaler trygd, enn på samme tid i fjor, mens den totale arbeidsløshet i samme periode økte med 70.000. Forklar det den som kan.

04.03.2019

TIME III

One competes in milliseconds – without Time, no winners, and if there are no winners there are no losers either.

April 1994

TIME IV

We measure most things in what we get done and what we don't get done. In any case, we blame the Time when we're dissatisfied. It's always Time which is to blame - as if it's responsible for our inability to organize ourselves better.

April 1994

VOCAL CHORDS

Think how the Vocal Chords, consisting of two muscles, the mouth cavity which forms the acoustic space, and the lungs interacting with the brain, can captivate an entire world.

1995

TIDEN III

Det konkurreres i millisekunder - uten Tid ingen vinnere, og hvis det ikke er vinnere er det heller ingen tapere.

April 1994

TIDEN IV

Vi måler det meste i hva vi får gjort og hva vi ikke får gjort. Uansett – vi gir Tiden skylden hvis vi er missfornøyd, det er alltid Tiden som får skylden – som om den kan noe for at vi ikke organiserer oss bedre.

April 1994

STEMMEBÅNDET

Tenke seg til at Stemmebåndet, bestående av to muskler, en munnhule som danner det akustiske rom, samt lungene i et samspill med hjernen, kan trollbinde en hel verden.

1995

MEDIATION

Imagine being able to look at both sides - being self-critical as regards the information and thus the assumptions one holds about the case. Imagine being big enough to let the one who seems to "swim the hardest" get the benefit of the doubt, before stating one's conclusions.

August 1990

PUNDITS

So-called Pundits are necessarily not exclusively sympathetic, but of course, that does not mean that people with limited understanding automatically can be stamped as sympathetic.

2013

TO FEEL

Feeling for someone is very different from Feeling with someone.

April 2014

MEGLING

Tenk om man kunne betrakte begge sider -være selvkritisk når det gjelder de informasjoner og dermed de forutsetninger man sitter inne med når det gjelder saken. Tenk om man kunne være stor nok til å la tvilen tilfalle den som synes å "svømme mest", før man kommer med sine meninger.

August 1990

FORSTÅSEGPÅERE

Såkalte Forståsegpåere er nødvendigvis ikke udelt sympatiske, men det betyr selvsagt ikke at folk med begrenset forståelse på noen måte automatisk kan stemples som sympatiske.

2013

DET Å FØLE

Det å Føle for noen er svært forskjellig fra det å Føle med noen.

April 2014

IMAGINATION

If the Imagination is a property which can be measured, I don't know, but my observations indicates that we are all equipped with more or less of this, seen from my side, incredibly important property.

March 2014

DEPENDENT AND INDEPENDENT

It is not a defeat to be Dependent on others - as long as you do everything you can to become Independent.

2018

CREATIVITY

It is as with the phrase: "Many small streams make a big lake."
Creativity at all levels is of the utmost importance for keeping the society going.

2018

FANTASI

Om Fantasien er en egenskap som kan mengde måles vet jeg ikke, men mine observasjoner tilsier i hvert fall at vi alle er utstyrt med mer eller mindre av denne, sett fra min side, utrolig viktige egenskap.

Mars 2014

AVHENGIG OG UAVHENGIG

Det er ikke et nederlag å være Avhengig av andre - bare man selv gjør alt man kan for å bli Uavhengig.

2018

KREATIVITET

Det er som med uttrykket: "Mange bekker små gjør en stor Å".
Kreativitet på alle plan er av største betydning for å holde samfunnet gående.

2018

INFINITE

Only when it was confirmed that the earth was round - the term Infinite got a meaning.

2018

RELIABLE AND UNRELIABLE

As Reliable, you build trust in others -
while as Unreliable you are met with distrust.

2018

USELESS

What's Useless for someone -
may be of greatest value to others.

2018

DEVIOUS

One can easily be fascinated by the Devious-
but <u>that</u> dream is rarely deep.

2018

UENDELIGHET

Først når man stadfestet at jorden var rund - fikk begrepet Uendelighet mening.

2018

PÅLITELIG OG UPÅLITELIG

Som Pålitelig bygger man tillit hos andre – mens man som Upålitelig møtes med mistro.

2018

UBRUKELIG

Det som er Ubrukelig for noen - kan være av største verdi for andre.

2018

UNDERFUNDIG

Man lar seg lett fascinere av det Underfundige- men <u>den</u> drømmen er sjelden dyp.

2018

APPROACHABLE AND UNAP-PROACHABLE

The Approachable never misses company - while the Unapproachable will always lack contact.

2018

UNRULY I

There will always be hope for the Unruly.

2018

UNSEARCHABLE

You can't explore the Unsearchable.

2018

INTERESTING AND UNINTERESTING

There are many leaps between being Interesting and Uninteresting.

2018

TILNÆRMELIG OG UTILNÆRME-LIG

Den Tilnærmelige savner aldri selskap -
mens den Utilnærmelige alltid vil mangle kontakt.

2018

UREGJERLIG I

Det vil alltid være håp for den Uregjerlige.

2018

URANSAKELIG

Man kan ikke utforske den Uransakelige.

2018

INTERESSANT OG UINTERESSANT

Det er mange sprang mellom det å være Interessant og Uinteressant.

2018

UNRULY II

It requires smartness and patience to keep track of the Unruly, but breaking through can create eternal friendship.

2018

EXTROVERTED

In the wake of being Extroverted positive vibrations follow.

2018

UNCONTROLLED AND CONTROLLED

Being Uncontrolled doesn't mean that you become Controlled by changing your style.

2018

EVALUATION II

Any person's Evaluation of a situation is based on the person's preconditions.

March 2019

UREGJERLIG II

Det skal kløkt og tålmodighet til for å holde styr på den Uregjerlige, men bryter man gjennom kan det skapes evig vennskap.

2018

UTADVENDT

I kjølevannet av å være Utadvent følger positive vibrasjoner.

2018

UKONTROLLERT OG KONTROLLERT

Fordi om man er Ukontrollert –
betyr ikke det at man blir Kontrollert ved å legge om stilen.

2018

BEDØMMELSE II

Ethvert menneskes Bedømmelse av en situasjon er basert på vedkommendes forutsetninger.

Mars 2019

EXHAUSTED
You don't have to be Exhausted because you are worn out.

2018

DISOBEDIENCE
Disobedience is part of a child's development which parents try to stop - while the Disobedience of adults is a natural human trait.

2018

LIE
An honest person is not strong enough to carry a Lie.

2018

TRUTH
The Truth can be both sour and sweet.

2018

UTSLITT

Man behøver ikke være Utslitt fordi om man har slitt seg ut.

2018

ULYDIGHET

Ulydighet er en del av barns utvikling, som foreldrene forsøker å stoppe – mens voksnes Ulydighet er en naturlig menneskelig egenskap.

2018

LØGN

Et ærlig menneske er ikke sterk nok til å bære på en Løgn.

2018

SANNHET

Sannheten kan være både sur og søt.

2018

GETTING SOMETHING FOR FREE

Getting something for Free is one of the biggest lies. The fact is that nothing is Free.

2018

LITTLE AND BIG

If Little and Big have the same mother –
it doesn't mean they must have different dad.

2018

IMAGINATION AND INNOVATION

Without Imagination no Innovation,
Imagination is the driving force.

2018

HEAVY AND LIGHT

Being Heavy is very well suited to some –
while being Light gives far less sweat.

2018

Å FÅ NOE GRATIS

Å få noe Gratis er en av de største løgner.
Det er bare å slå fast at intet er Gratis.

2018

LITEN OG STOR

Hvis Liten og Stor har samme mor –
betyr ikke det at de må ha forskjellig far.

2018

FANTASI OG NYSKAPING

Uten Fantasi ingen Nyskapning.
Fantasi er drivkraften.

2018

TUNG OG LETT

Det å være Tung passer utmerket godt til noen-
mens det å være Lett gir langt mindre svett.

2018

CRITICISM AS GUIDELINE

To receive Criticism and digest it, is a Guideline for the intelligent.

2018

SURVIVAL

You must fight to Survive as long as you live.

2018

STATISTICS

Statistics can never be corrected if there is no continuation.

2018

INSPIRATION

One can't just sit there and wait for the Inspiration to come. One has to, as for instance in marketing, conduct outreach survey in order to achieve results. The orders don't just come strolling by on their own.

July 1994

KRITIKK SOM RETTESNOR

Å ta Kritikk og fordøye den, er en Rettesnor for den intelligente.

2018

OVERLEVELSE

Man må kjempe for å Overleve så lenge man lever.

2018

STATISTIKK

Statistikk kan aldri rettes opp hvis det ikke er fortsettelse.

2018

INSPIRASJON

Man kan ikke bare sitte der å vente på at Inspirasjonen skal komme. Man må der, som blant annet i markedsføring, drive oppsøkende virksomhet for å oppnå resultater. Ordrene kommer ikke bare spaserende av seg selv.

Juli 1994

NATURE

Nature has everything. Not strange that we seek it, that we in many contexts instinctively try to copy it, that we are part of it.

April 1994

REALITY

Only a few have brought the world forward – not the masses.

2018

DIFFERENCE

Only when we admit that we are Different and willing to take that debate, are we capable to form a just and viable democracy.

2018

TOUCHINESS II

Touchiness is a bad property which one should suppress.

2018

NATUREN

Naturen har alt, ikke rart at vi søker den, at vi i mange sammenhenger instinktivt prøver å etterligne den, at vi er en del av den.

April 1994

VIRKELIGHET

Bare noen få har ført verden fremover – ikke massene.

2018

FORSKJELL

Det er først når vi innrømmer at vi alle er Forskjellige og tar fatt på den debatten, at vi blir i stand til å skape et levedyktig og rettferdig demokrati.

2018

NÆRTAGENHET II

Nærtagenhet er en dårlig egenskap som man bør undertrykke.

2018

MAGNANIMOUS

As Magnanimous one opens the arms and embraces the most.
The challenge is to achieve it all and not leave a vacuum.

2018

TO BE CARED FOR

Everyone is worth to be Cared For by someone.

2018

BIGOTRY

If the Bigoted is consciously aware of his orientation or not is insignificant.
He does not contribute to the development of society anyhow.

2018

TIME II

If there is something lasting forever it must be the time and nothing but the time.

2018

STORSINNET
Som Storsinnet slår man ut med armene og favner det meste.
Utfordringen er å nå det hele og ikke etterlate et vakuum.
2018

Å BLI TATT VARE PÅ
Alle er verdt å bli Tatt Vare På av noen.
2018

TRANGSYNT
Om den Trangsynte er seg selv bevisst sin legning eller ikke er uvesentlig.
Vedkommende bidrar allikevel ikke til samfunnets utvikling.
2018

TIDEN II
Er det noe som er evigvarende så må det være tiden og bare den.
2018

DISCIPLINED AND UNDISCIPLINED

As Disciplined one would like to have order in the ranks - while as Undisciplined one is satisfied with disorder.

2018

TRUTH AND UNTRUTH

What is despairing is that Truth for someone is Untruth to others.
The golden mean can not be used in terms of Truth and Untruth.

2018

TRUTH AND LIES II

If the claim that everyone is right out of their prerequisites is correct, and who can contradict that, there will be an infinite spectrum between the extremes of Truth and Lies.
The same will apply to information from so-called secured sources.

2018

DISIPLINERT OG UDISIPLINERT

Som Disiplinert vil man gjerne ha orden i rekkene - mens man som Udisiplinert er lykkelig med uorden.

2018

SANNHET OG USANNHET

Det fortvilende er at Sannhet for noen er Usannhet for andre.
Den gyldne middelvei kan ikke benyttes når det gjelder Sannhet og Usannhet.

2018

SANNHET OG LØGN II

Hvis påstanden om at alle har rett ut fra sine forutsetninger er riktig, og hvem kan motsi det, blir det et uendelig spekter mellom ytterlighetene Sannhet og Løgn.
Det samme gjelder opplysninger fra såkalte sikre kilder.

2018

DIFFERENT

If the assertion that we are all Different is correct, and who can contradict that, being Different is easier to accept and tolerate as we are all in one form or another Different.

REGRET

I Regret very little of what I have done,
as luckily my memory's quickly gone.
I Regret more what I didn't get done,
all of which could have been second to non.

2015

THE HAND II

Having been dealt a good Hand doesn't necessarily mean that one is playing cards.
Regardless of context, the expression gives the impression of strength.

September 2012

FORSKJELLIG

Hvis påstanden om at vi alle er Forskjellige er riktig, og hvem kan motsi det, bli det å være Forskjellig enklere å akseptere og tolerere, fordi vi alle i en eller annen form er Forskjellige.

ANGER

Jeg Angrer på lite av det jeg har gjort,
for heldige meg jeg glemmer så fort.
Jeg Angrer mer på det jeg ikke gjorde,
det som kunne blitt til det virkelig store.

2015

HÅNDEN II

Å sitte med gode kort på Hånden betyr nødvendigvis ikke at man spiller kort.
Uansett i hvilken sammenheng gir uttrykket et inntrykk av styrke.

September 2012

CONSEQUENCES

Examples of three stages of Consequences, all of which count in the development of human beings:

The unconscious Consequence.
That's the one all children instinctively use in their development. How far can I toe the line before I overstep, that is, before there are unpleasant Consequences?

The conscious Consequences.
All actions have Consequences in one form or other. As time goes by one learns, however, what the Consequences of one's actions will be, though one often goes ahead anyway. One obviously learns from it, even though it at times can be tough.

The governing Consequences.
That's the one where one before acting, carefully considers the Consequences. The action doesn't take place until one has a clear idea of its Consequences. When one has reached this stage, one decides whether the action is worth its Consequences and is thus well equipped for one's further journey through life.

March 2013

KONSEKVENSER

Eksempler på tre stadier av Konsekvenser relatert til ens handlinger når det gjelder menneskers utvikling:

Den ubevisste Konsekvens.
Det er den som alle barn helt instinktivt benytter i sin utvikling. Hvor langt kan jeg tøye strikken før den ryker, altså før det får Konsekvenser.

Den bevisste Konsekvens.
Alle handlinger får Konsekvenser i en eller annen form. Etter hvert lærer man seg imidlertid å forstå hva Konsekvensene er av ens handlinger, mens man allikevel ofte lar det stå til. Man lærer sikkert av det, selv om det til tider kan svi.

Den styrende Konsekvens.
Det er den hvor man før handling, nøye avveier Konsekvensene. Handlingen skjer nå ikke uten at man har en ganske klar oppfatning av Konsekvensene. Når man når så langt vurderer man om handlingen er verdt Konsekvensene og da er man godt på vei videre i livet.

Mars 2013

THE HAND AND THE ARM

The Hand is not only the end of the Arm with its customary five fingers. It's what one uses to greet someone with when one meets and what one waves with while saying good-bye. It's what one salutes with and what one scratches with.

2012

HUMOUR

There are many who react negatively to the primitive form of Humour. Is it simply to primitive? Could the reason be that they think that if they laugh at it, they reveal their own simplicity?

2014

OPINIONS

Freedom of expression should be obvious in an enlightened world, but unfortunately it isn't. But even where freedom of expression is working, it doesn't mean that because one has an Opinion about a subject, one must necessarily always express it, putting things at the top and fight on the barricades for the same.

April 2014

HÅNDEN OG ARMEN

Hånden er langt fra bare avslutningen på Armen, med normalt sine fem fingre. Vanligvis er det den man hilser med når man møtes og som man vinker med når man tar farvel. Det er den man gjør honnør med og den man klør med.

2012

HUMOR

Det er mange som reagerer negativt på den primitive form for Humor. Er den simpelthen for enkel? Kan årsaken være at de mener at hvis de ler av den så avslører de sin egen enkelhet?

2014

MENINGER

Ytringsfriheten burde være en selvfølge i en opplyst verden, men er nok ikke det over alt. Men selv der hvor det med ytringsfriheten er i orden er det ikke sagt at fordi om man har en Mening om en sak, at man nødvendigvis alltid må gi uttrykk for den, sette ting på spissen og slåss på barrikadene for den samme.

April 2014

Different
Forskjellig

Lura Hamborg

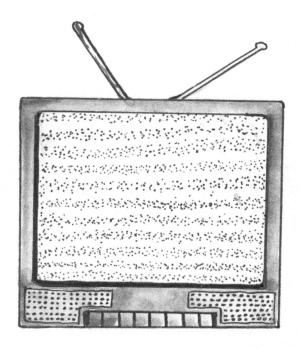

Fake News
Falske Nyheter

Lura Hamborg

MIDDLE MANAGERS

A man or woman in the wrong place is not easily discovered before seeing the results of their achievements.

September 2012

EXPERIENCE II

Bad Experiences does not trigger repetition - while the good ones should inspire them. It may be good for all of us to focus more on Experiences. Think about what Experiences you have made through your life of the category you think has been of importance to your development and raise awareness of them.

October 2013

MANAGEMENT IMPLICATIONS

When various unintended consequences of executed Management must be cleared up, it's rare or never that the so-called person on the floor is blamed.

2018

MELLOMLEDERE

Mann eller kvinne på feil sted oppdages ikke så lett før man ser resultatet av deres prestasjoner.

September 2012

ERFARING II

Dårlige Erfaringer trigger ikke til gjentagelse – mens de gode helst bør inspirere til sådanne. Det kan være bra for oss alle å fokusere litt mer på Erfaringer. Tenk gjennom hvilke Erfaringer du har gjort deg gjennom livet, av den kategorien du mener har vært av betydning for din utvikling og bevisstgjør disse.

Oktober 2013

LEDELSES-KONSEKVENSER

Når det må ryddes opp i forskjellige utilsiktede konsekvenser av utført Ledelse, er det sjelden eller aldri at den såkalte person på gulvet kan klandres.

2018

COHABITATION AND COMPROMISES

In Cohabitations, Compromises are at times not to be avoided. This is fine if the partners are well-balanced when it comes to give and take. If there's a shift of balance it becomes difficult to keep the boat floating. Compromise is a good thing, but make sure that the balance remains in order.

March 2013

THE NECK

To pull oneself up by the Neck, is a Norwegian expression which shouldn't be taken too literally. It would undoubtedly look strange if one stood there with one's arm at the back of one's Neck trying to pull and tear at it to force oneself to do something which one for various reasons has put off doing.

It is however, important at times to grab oneself by the scruff of the Neck, in order to stop oneself doing something there and then, even though it would seem to be a natural reaction to do so.

August 201

SAMLIV OG KOMPROMISSER

I et Samliv er det ikke fritt for at det til tider må inngås Kompromiss. Dette er helt greit så lenge begge parter er i balanse når det gjelder ytelser. Blir det over tid snakk om en forskyvning av balanseforholdet i denne sammenheng, blir det imidlertid vanskelig å holde skuta flytende. Det er godt med Kompromisser, men sørg for at balanseforholdet er i orden.

Mars 2013

NAKKEN

Det å ta seg selv i Nakken er et uttrykk som naturlig nok ikke må tas for bokstavelig. Det ville utvilsomt se litt merkelig ut om man står der med en arm bak Nakken og river og sliter for å tvinge seg til å gjøre noe man av forskjellige grunner har utsatt.

Det er imidlertid viktig av og til å holde seg i Nakken, noe som vel betyr at man bør holde tilbake, ikke gjøre noe der og da, selv om det synes å være en naturlig reaksjon.

August 2012

GOOD ADVICE

Be curious about life, yes be curious about everything.

Ask questions, be active and don't let the world pass by without engagement.

Grab the possibilities when they are there.

Use but not abuse.

Be open, remember that nothing comes into a closed hand.

A rule that never fails is that pride stands for a fall.

Smile although it is not always easy.

Be polite and attentive and don't forget the importance of being a good listener.

Learn languages and use them to gain insight into other cultures.

Deal with others as you expect them to behave against you.

Be aware of your responsibilities in all situations, but at the same time do not forget that you have a life to live.

August 2011

CONFRONTATIONS

Many Confrontations could have been avoided with mastery.

November 2018

GODE RÅD

Vær nysgjerrig på livet, ja vær nysgjerrig på alt.
Still spørsmål, vær aktiv og la ikke verden passere revy uten engasjement.
Grip mulighetene når de er der.
Bruk men ikke misbruk.
Vær åpen, husk at intet kommer inn i en lukket hånd.
En regel som aldri slår feil er at hovmod står for fall.
Smil selv om det ikke alltid er like lett.
Vær høflig og oppmerksom og ikke glem betydningen av å være en god lytter.
Lær deg språk og bruk dem til å få innsikt i andre kulturer.
Oppfør deg mot andre som du forventer at de skal oppføre seg mot deg.
Vær deg ditt ansvar bevisst i alle situasjoner, men samtidig, ikke glem at du har et liv å leve.

August 2011

KONFRONTASJONER

Mange Konfrontasjoner kunne vært unngått med beherskelse.

November 2018

CONSCIENCE II

Has anyone tried to count their good and bad Consciences? I wonder if one could make a norm that says that one with a given percentage of the respective would be within acceptable limits and norms? This would probably be too complicated and the Conscience should by no means be left to others, it is obviously among some of the most personal we have.

November 2012

TO THE TOP MANAGER

There will always be situations where you are alone. Regardless of how many employees you are responsible for, there will guaranteed and more often than you think, be situations where you are alone. It is you who must make the decision and there is nobody else you can ask than yourself. As a result, it is also you who must take all the consequences of your decisions.

June 2015

SAMVITTIGHET II

Har noen prøvd å telle sine gode og dårlige Samvittigheter? Jeg lurer på om man kunne lage en norm som sier at man med en gitt prosent av de respektive, ville være innenfor akseptable rammer og normer? Antagelig ville det bli for komplisert og Samvittigheten bør for øvrig ikke kunne overlates til andre, den er helt klart blant noe av det mest personlige vi har.

November 2012

TIL TOPPLEDEREN

Det vil alltid oppstå situasjoner hvor du er alene. Selv om du har aldri så mange medarbeidere, vil det garantert og oftere enn du tror, oppstå situasjoner hvor du er alene. Det er deg som må ta avgjørelsen og det er ingen andre du kan spørre enn deg selv. Som et resultat av det er det også deg som må ta alle konsekvensene av dine avgjørelser.

Juni 2015

EXPERIENCES IN DAILY LIFE

Experiences are something we in our Daily Lives are not conscious of, I think. It is indispensable for most of us, that we automatically draw conclusions based on our Experience and unconsciously make small or large corrections. This kind of Experience is probably one of the most important factors that help us develop, hopefully throughout our entire lives.

October 2013

LIFE AND VALUE

Life has different Values in different cultures, and in some societies it's apparent that Life has no Value at all.

2016

CLAIM - COMPENSATION

Special vultures, which in this context is meant to be dedicated lawyers, favours this and guarantees the customer Compensation at no cost. Isn't it amazing, what some "Samaritans" do in society without taking payment for it?

2017

ERFARINGER I DAGLIGLIVET

Erfaringer er noe vi i Dagliglivet ikke er oss bevisst, tror jeg. Det er bare ufravikelig slik for de fleste av oss, at vi automatisk trekker slutninger med bakgrunn i våre Erfaringer og ubevisst foretar små eller store korreksjoner. Denne form for Erfaring er antagelig en av de vesentligste faktorer som er med på å utvikle oss, og det forhåpentligvis gjennom hele livet.

Oktober 2013

LIVET OG VERDI

Livet har forskjellig Verdi i de forskjellige kulturer og i noen samfunn er det tilsynelatende slik at Livet ikke har noen Verdi i det hele tatt.

2016

KRAV OM KOMPENSASJON

Spesielle gribber, som i denne sammenheng skal forstås som dedikerte advokatfirmaer, boltrer seg i dette og garanterer kunden Kompensasjon uten at det koster dem noe som helst. Er det ikke utrolig hva noen "Samaritanere" i samfunnet gjør uten å ta seg betalt for det?

2017

LOVE

Perhaps the best thing about Love between people is the phrase: "It falls as easily on a shit as on a lily."
Love is the best food of life.

2014

FANATIC'S MEDIA

The dangerous Fanatic is usually a good listener who carefully chooses his Media. Trust is created, and solid ties are linked. The Media is usually simple and easy-to-influence people, and therefore act perfectly in the role of practitioners of the evil transmitted through the relationship.

May 2014

UNDERSTANDING AND DECISIONS

All Decisions, if they are meant to have any value, must be based on Understanding, thus on the will to Understand the matter and the parties involved.

March 2013

KJÆRLIGHET

Kanskje det beste med Kjærlighet mellom mennesker er uttrykket: "Den faller like lett på en lort som på en lilje".
Kjærlighet er livets beste føde.

2014

FANATIKERENS MEDIER

Den farlige Fanatikeren er som regel en god lytter som velger sine medier med omhu. Tillit skapes og solide bånd knyttes. Mediene er som regel enkle og let påvirkelige mennesker, og opptrer derfor lett i rollen som utøvere av den ondskap som overføres gjennom relasjonen.

Mai 2014

FORSTÅELSE OG AVGJØRELSER

Alle Avgjørelser, hvis de skal ha noen verdi, må være basert på Forståelse, altså på viljen til å Forstå det saken gjelder samt partene som er involvert.

Mars 2013

ENDEAVOUR

Making the society more transparent is one of the most important ingredients in creating understanding and respect between humans. At the same time everything must be done to make the machinery of society straight-forwardly for those of us which for different reasons don't use the most important part of our life to understand the complex representing today's governance.

2016

FANATICISM AND OPINIONS

There is certainly a great deal of agreement that Fanatics as such are not evil in the true meaning of the word. The Fanatics are just Fanatically convinced that the Opinions they represent are the only correct ones.

May 2014

TOLERANCE III

Tolerance is an important factor in the lives of all people

2016

BESTREBELSE

Bestrebelsen på å gjøre samfunnet mer transparent er en av de viktigste ingrediensene i å skape forståelse og respekt mellom oss mennesker. Samtidig må den aller største vekt legges på å gjøre samfunnsmaskineriet enklere og mer oversiktlig for de av oss som av forskjellige grunner ikke benytter den vesentligste del av vår tid på å sette oss inn i det komplekset som representerer dagens samfunnsstyring.

2016

FANATISME OG MENINGER

Det hersker visst stort sett enighet om at Fanatikerne som sådan, selv ikke er onde i ordets egentlige betydning. De, Fanatikerne, er bare Fanatisk overbevist om at de Meninger de representerer er de eneste riktige.

Mai 2014

TOLERANSE III

Toleranse er en viktig faktor i alle menneskers liv.

2016

LIFE-CYCLE

In my 78th year I have reached the view that our Life-Cycle as individuals on this earth is magnificently adapted to our development. Throughout our Life we will among others see next generations starting where we started, knowing that they will go through the same development as we did.

2016

TOLERANCE AND COMPROMISE

Tolerance is a balancing act and Compromise is the weight on the bowl that makes it all balance.

2016

LOVE AND COMPROMISE

Even with expressions like unconditional Love, there is sometimes a need for Compromise.

2016

LIVSSYKLUS

I mitt 78nde år har jeg kommet frem til det syn på livet, at vår Livssyklus som individer på jorden, helt praktfullt er tilpasset vår utvikling. Lever vi lenge nok opplever vi blant annet nye krefter som starter der vi en gang startet, vel vitende at de skal gjennomgå den samme utvikling som oss.

2016

TOLERANSE OG KOMPROMISS

Toleranse er en balansegang og Kompromiss er vekten på skålen som får det hele til å balansere.

2016

KJÆRLIGHET OG KOMPROMISS

Selv med uttrykk som: betingelsesløs Kjærlighet, er det til tider behov for Kompromiss.

2016

Nature
Naturen

Lura Hamborg

Light and Shadow
Lys og Skygge

Lura Hamborg

THE ENEMY

Stretching out the hand to The Enemy is not the same as turning the other cheek to him.

2016

TOLERANCE AND COMPROMISE II

A balanced Tolerance using Compromise is necessary. Give and take a little and neither party will feel themselves with the back against the wall.

OPPOSITES WITH THE SAME OUTCOME

When paddling, propulsion and steering are done with the <u>face</u> towards the goal -
while when rowing, propulsion and steering are done with the <u>back</u> towards the goal.

2018

ACCUSATION

It's the unjustified Accusation that really hurts.

2014

FIENDEN

Å strekke ut hånden til Fienden, er ikke det samme som å snu det andre kinnet til.

2016

TOLERANSE OG KOMPROMISS II

En balansert Toleranse ved hjelp av Kompromiss er nødvendig. Gi og ta litt, så vil ingen av partene føle seg stilt med ryggen mot veggen.

2016

MOTSETNINGER MED SAMME UTFALL

Når man padler skjer både fremdrift og styring med ansiktet mot målet -
mens når man ror skjer fremdriften og styringen med ryggen mot målet.

2018

ANKLAGE

Det er den uberettigede Anklagen som virkelig svir.

2014

THE SENTENCE

It's difficult to express one's feelings when one is waiting for a Sentence to be passed.

June 24. 1995

TIMING II

Timing is the unforeseen assistant that one doesn't have control over.

February 2019

INNOVATION AND FUTURE

Never forget that today was the Future for those who in their youth were visionaries -
The Future will see Innovation in the same way.

November 2018

EXPRESSION

To lose the appetite does not necessarily mean that one doesn't want food.

November 2018

DOMMEN
Det er vanskelig å uttrykke følelser mens man venter på en Dom.

Juni 24, 1995

TIMING II
Timing er den uforutsette medhjelper som man ikke har herredømme over.

Februar 2019

INNOVASJON OG FREMTID
Glem aldri at i dag var Fremtid for dem som i sin ungdom var visjonærer -
Fremtiden vil se Innovasjon på samme måte.

November 2018

UTTRYKK
Å miste matlysten betyr ikke nødvendigvis at man ikke har lyst på mat.

November 2018

BIG AND SMALL MOUTH

A physical Big Mouth can only be convincing if the voice is moderate and the content is factual, while a Small Mouth can achieve the same by raising the voice.

November 2018

WILL IS FUNDAMENTAL

The Will to understand is Fundamental. If the Will is failing because the understanding fails, the result is limping.

May 2014

PERSONALITY AND INFLUENCE

Of course, one can try to Influence once Personality, but the starting point can't be changed. Personality is something one is born with and must live with.

December 2018

STOR OG LITEN MUNN

En fysisk Stor Munn kan kun være overbevisende hvis stemmen er moderat og innholdet saklig, mens en Liten Munn kan oppnå det samme ved å heve stemmen.

November 2018

VILJEN ER FUNDAMENTAL

Viljen til å forstå er Fundamental. Er Viljestyrken sviktende fordi forståelsen uteblir, blir resultatet haltende.

Mai 2014

PERSONLIGHET OG PÅVIRKNING

Selvfølgelig kan man forsøke å Påvirke sin Personlighet, men utgangspunktet kan ikke forandres. Personlighet er noe man er født med og som man må leve med.

Desember 2018

EQUALLY IMPORTANT

It is said that:
Speech is Silver - while Silence is Gold.
Equally important is that:
Speech is Silver - while Listening is Gold.

December 2018

THE INDUBITABLE TRUTH

Intelligent people never use the phrase: Indubitable Truth, if it isn't a quote, without adding: after my opinion.

December 2018

TRUTH AND LIES III

Truth can become Lies if we let them.

December 2018

"THE TRUTH IS..."

Truths are correct for the person who uses the phrase: "Truth is .." but will always reflect his or her prerequisites.

December 2018

LIKE BETYDNINGSFULLT

Det sies at:
Tale er Sølv – mens Taushet er Gull.
Like betydningsfullt er det at:
Tale er Sølv – mens å Lytte er Gull.

Desember 2018

DEN UDISKUTABLE SANNHET

Kloke mennesker benytter aldri frasen: Udiskutabel Sannhet, hvis det ikke er et sitat, uten tilføyelsen: etter min mening.

Desember 2018

SANNHET OG LØGN III

Sannhet kan bli til Løgn hvis vi lar det skje.

Desember 2018

”SANNHETEN ER…”

Sannheter fortoner seg riktig for den som benytter uttrykket: ”Sannheten er..”, men vil alltid gjenspeile vedkommendes forutsetninger.

Desember 2018

ABOUT BEING RIGHT

Why not eat the camel, if that's how it feels when you admit that others are Right, and simply learn from it? Why is it so important for most of us to be Right? It's as if we constantly have to convince ourselves that it is beneficial to be Right while it is defeating to make mistakes.

December 2018

TRUTH AND PATENT

No one have or will ever have a Patent on the Truth, but having right from one's prerequisites is something we all can claim to have without showing dishonesty.

December 2018

EVOLUTION

Evolution is not something you can sit outside and describe, as you are always part of it yourself.

May 2018

OM Å HA RETT

Hvorfor ikke spise kamelen, hvis det er slik det føles når man medgir at andre har Rett, og simpelthen ta lærdom av det? Hvorfor er det så viktig for de fleste av oss å ha Rett? Det er som om vi hele tiden må overbevise oss selv om at det gir gevinst å ha Rett mens det er nederlag å ta feil.

Desember 2018

SANNHET OG PATENT

Sannheten er og forblir det ingen som har Patent på, men å ha rett ut fra sine forutsetninger er noe vi alle kan hevde å ha, uten å vise uærlighet.

Desember 2019

EVOLUSJON

Evolusjonen er ikke noe man kan sette seg utenfor og beskrive, ettersom man selv til enhver tid befinner seg i, og er en del av den.

Mai 2018

THE MEMORY

Imagine that the Memory, or the degeneration of it, led to the fact that one forgot to worry about one's gradually reduced ability to remember.

October 2018

THE CREATOR

Perhaps we are so fortunate that he has already Created or is going to Create life somewhere out there where he, with the background of the mistakes he made with us people on this planet, has abolished our sheepish qualities and improved the good.

February 2018

BUREAUCRACY

The more people involved in deciding, the more Bureaucrats are needed to clarify the different views. The Bureaucracy costs and the bigger it gets the more complex and expensive it becomes. By the very nature, Bureaucracy itself creates a continuous need for growth.

June 2016

HUKOMMELSEN

Tenk om det var slik at Hukommelsen, eller degenereringen av den, førte til at man glemte å bekymre seg over ens gradvis nedsatte evne til å huske.

Oktober 2018

SKAPEREN

Kanskje er vi så heldige at han allerede har Skapt, eller kommer til å Skape liv ett eller annet sted der ute hvor han, med bakgrunn i de feil han gjorde med oss mennesker på denne planeten, har avskaffet våre dårlige egenskaper og forbedret de gode.

Februar 2018

BYRÅKRATI

Jo flere som skal være med på å bestemme, jo flere Byråkrater må det til for å utrede og klarlegge de forskjellige synspunkter. Byråkratiet koster og jo større det blir jo mer komplekst og dyrere blir det. I sakens natur skaper Byråkratiet i seg selv et kontinuerlig behov for vekst.

Juni 2016